qui suis-je?

# un oiseau

Texte de
Alexandra Parsons
Photographies originales de
Jerry Young
Illustrations de
Mark Iley et John Bendall
Traduit de l'anglais par Marie Farré

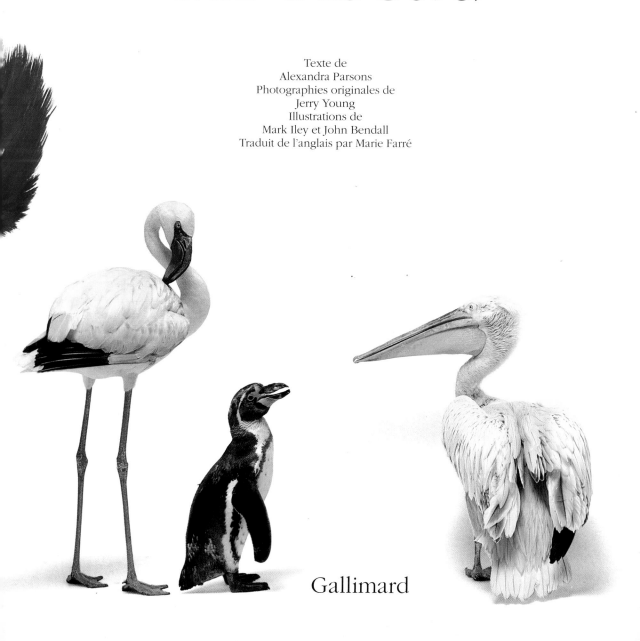

Gallimard

Conseiller éditorial : Antoine Reille,
secrétaire général des journalistes pour la nature et l'écologie
Animaux photographiés prêtés par
Trevor Smith's Animal World

ISBN 2-07-031600-9

# Sommaire

# Qu'est-ce qu'un oiseau ?

Il y a 9 000 espèces d'oiseaux, des jolis et des moins jolis, d'énormes et de tout petits. Certains chantent, d'autres font couac ! Les uns volent haut et les autres pas du tout.

### Le rêve d'Icare

Les hommes ont toujours rêvé de voler. Certains « hommes volants » fixèrent des ailes artificielles à leurs épaules et agitèrent les bras pour voler. Hélas, le corps humain n'est pas adapté au vol.

### La tête qui tourne !

Comme presque tous les oiseaux, le hibou a une très bonne vue. Il peut regarder dans tous les sens et il arrive à tourner la tête... presque complètement

### Chasseur silencieux

Le hibou chasse la nuit quand les autres oiseaux dorment. Il vole en silence grâce à la forme particulière des plumes qui couvrent ses ailes.

### Percheurs et grimpeurs

La plupart des oiseaux ont quatre doigts. Ceux qui se perchent sur de petites branches en ont trois dirigés vers l'avant, et ceux qui grimpent en ont deux vers l'avant et deux vers l'arrière. Les oiseaux d'eau ont les pattes palmées.

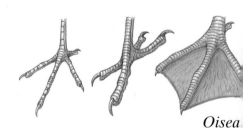

*Percheur   Grimpeur   Oisea aquatiqu*

reilles du hibou ?
*Non, simples
touffes de plumes.*

## Le grand duc
Voici le plus grand
es hiboux, un oiseau
maintenant protégé.
l se nourrit de petits
mammifères et
d'oiseaux.

## Les trois plumes
Les oiseaux ont
trois sortes
de plumes. Celles
des ailes et de la
queue servent à
voler. Les plumes
couvrantes
protègent le corps
et les épaules
et, en dessous,
le duvet tient
chaud.

*plumes
de vol*

## a chouette effraie
'ette chouette bâtit
on nid dans les
ranges et les vieilles
aisons. Ses proies
e sont guère plus
rosses qu'une souris
es champs.

*duvet*

*Le grand duc a d'énormes
griffes, ou serres.*

*plumes couvrantes,
ou couvertures*

9

# Flambant flamant

Il flamboie, le flamant au long cou et aux pattes interminables. Ce magnifique oiseau habite les lacs salés et les rivières, dans les régions chaudes, de l'Inde aux Caraïbes en passant par l'Afrique.

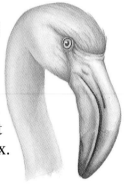

### Drôle de bec !

Le bec du flamant a de petits filtres sur ses bords. Quand il a faim, l'oiseau prend une gorgée d'eau boueuse. Puis, avec sa langue, il repousse l'eau à travers les trous. Seuls restent les morceaux de choix.

### « Lait-grenadine

Le jeune flama se nourrit d'une sor de « lait » produit da l'œsophage des paren Quand il réclame manger, ceux-ci ouvre le bec : il en sort u liquide rouge que bo l'oisillo

### Jamais seul

Les flamants aiment rester ensemble. Parfois, ils vivent en colonies de plus d'un million d'oiseaux.

### Tarte à la boue

Le mâle et la femelle bâtissent leur nid ensemble, en empilant des couches de boue pour former une sorte de pâté.

### Algues ou crevettes ?

Pour manger, les flamants mettent la tête sous l'eau. Ils se nourrissent, selon les espèces, d'algues ou de crevettes pêchées dans la boue.

**Pourquoi
le flamant
est-il rose ?**
A cause
de sa nourriture.
Il mange des algues et des crevettes contenant des
colorants roses qui passent dans les plumes.

**Le nain rose**

Il existe six sortes
de flamants.
Celui-ci s'appelle
le flamant nain d'Afrique.

**Langues au vinaigre**

Jadis, dans la Rome antique, les langues
marinées de flamant étaient un plat
de roi. On les servait dans des assiettes
en or, au cours de banquets.

*Certains flamants
sont plus roses que d'autres
mais tous ont, sur les ailes,
quelques plumes noires.*

*Pour se pencher plus
facilement, le flamant
a des tarses qui se plient
en arrière. C'est un peu
comme si l'articulation
de ta cheville était placée
très haut sur ta jambe.*

# Dis-moi, perroquet

Il existe plus de 300 espèces de perroquets, la plupart très colorés. Beaucoup vivent dans les arbres de la forêt tropicale, les autres dans la brousse.

**Haut les plumes !**
Quand il est excité ou furieux, les plumes de la crête du cacatoès se hérissent.

*En vol, quand un oiseau bat des ailes, ce sont les plumes des extrémités qui le maintiennent en l'air.*

**Quoi ? Quoi ?**
La plupart des perroquets ne savent faire que des couacs. Mais si tu leur apprends une chanson, certains la répéteront.

**Le kakapo**
Cet oiseau rare de Nouvelle-Zélande ne sait pas voler. Il vit la nuit et se déplace en sautillant.

**Oiseau éclair**
On trouve la grande perruche Alexandre dans les jungles d'Asie. Elle vole entre les arbres à toute vitesse.

**Un bon imitateur**
Voici un ara d'Amérique
du Sud. Il peut vivre bien
plus de 30 ans. C'est un
oiseau très apprécié
pour ses couleurs
et aussi parce
qu'il imite
la voix
humaine.

**Ho hisse !**
Le bec de cet
ara est si dur qu'il
s'en sert pour grimper
aux arbres.

*Mangeur de noix*

*Mangeur
d'insectes*

**Tout dépend
du bec**
Le bec court et robuste
du perroquet croque les noix et les
graines. Mais un bec long et fin happe
les insectes. Et un bec aux bords
tranchants est idéal pour
saisir un poisson glissant.

*Mangeur
de poissons*

**Tiens bon !**
Comment les oiseaux font-ils pour
ne pas tomber de l'arbre en dormant ?
Chaque doigt est muni d'un long tendon
qui le resserre autour
de la branche.

*tendons*

13

# Ouvre grand, pélican !

Avec son grand corps, ses courtes pattes et ses pieds palmés, cet oiseau aquatique semble bien maladroit. Et pourtant, il vole, plane, nage et attrape des poissons.

### Pique et pêche

L'étonnant bec du pélican possède une poche élastique. Quand il plonge, l'oiseau puise les poissons dans son bec comme avec une épuisette.

### De l'eau en trop !

Le pélican ramasse beaucoup d'eau, avec les poissons. Il doit la recracher avant de s'envoler… sinon, il serait trop lourd !

### Bébés déplumés

Bébé pélican sort de l'œuf sans plumes. En trois jours, un doux duvet brun le recouvrira.

14

### Un glouton

Le pélican adulte
peut engloutir plus
de un kilo de poissons
par jour… soit 4 repas
à la cantine !

*Les plumes des oiseaux
aquatiques sont enduites
d'une huile spéciale,
de telle sorte que
l'eau glisse dessus
sans les mouiller.*

### Vacances dorées

En automne, beaucoup d'oiseaux
s'envolent vers les pays chauds
pour trouver à manger.
Ce pélican frisé quitte
la Yougoslavie pour passer
l'hiver au soleil d'Egypte.

### A table !

Quand la mère pélican
a le bec plein de poissons,
elle va nourrir ses petits dans leur
nid. Les bébés plongent dans l'énorme
garde-manger. Quel festin !

15

# Vautour vorace

Les vautours sont
les éboueurs de la nature.
Ils se nourrissent de cadavres
dont ils ne laissent que les os.

**Au solei**

Après un repas, les vautour
déploient leurs ailes pour s
chauffer et s'en serven
pour s'essuyer le be
et se nettoyer les ongle

**Croque-morts**
Voici le néophron moine
d'Afrique. Perché sur
un arbre, cet oiseau attend
qu'une bête meure
pour aller la manger.

*Les vautours ont un
bec crochu et puissant pour
arracher la chair des charognes
dont ils se nourrissent.*

### Affreux, moi ?

Le condor de Californie appartient à la famille des vautours. C'est un des oiseaux les plus gros et les plus rares du monde.

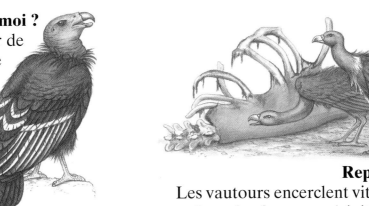

### Repas commun

Les vautours encerclent vite un animal mort. Les plus forts se précipitent d'abord et laissent les restes aux plus faibles.

### Rouge sang

Pourquoi la face des vautours paraît-elle parfois rouge ? C'est parce qu'ils viennent de prendre un repas et que leur tête est souillée de sang.

### Hou ! Assez !

Le vautour n'est pas très bon chanteur. Il ne sait que siffler et grogner de façon fort désagréable.

# Manchot à l'eau !

Cet oiseau au bel habit noir et blanc vit dans les mers du Sud, près de l'océan antarctique. Il ne sait pas voler mais il nage très bien et utilise ses ailerons comme des rames.

### Merci papa

Comment garder un œuf au chaud sur la glace ? Le manchot empereur le pose en équilibre sur ses pattes, sous un repli de chair douillet.

### Coup de langue

Les manchots attrapent leur nourriture sous l'eau. Leur langue râpeuse retien les poissons glissants dans leur be

### Enfin de retour !

Quand la femelle du manchot empereur a pondu un œuf, elle se dandine vers la mer pour aller manger. Son bébé sur les pattes, le père va jeûner pendant deux mois sans pouvoir se baigner. Il sera content de voir revenir la mère!

### Un tobbogan

Le meilleur moyen de circuler sur la neige et la glace est de se laisser glisser. C'est ce que fon les manchots sur leur ventre rebondi.

### Ecole-garderie

Quand les petits grandissent, ils se rassemblent souvent en groupe. C'est plus sûr pendant que les parents sont à la pêche.

*Une bonne couche de graisse protège le manchot du froid.*

## Cap sur tribord !
Le manchot utilise ses grands pieds palmés comme le gouvernail d'un bateau pour se diriger dans l'eau.

## Un bon imperméable
Le corps du manchot est protégé par trois couches de minuscules plumes imperméables qui le tiennent au chaud et au sec.

## Oiseau, le manchot ?
Il ressemble plus à un phoque ! Son corps luisant est bien adapté à la nage et à la plongée. Ce joli garçon est un manchot de Humboldt.

# Vogue le cygne

Le cygne gracieux est l'un des plus grands oiseaux aquatiques. Il vogue sur les lacs et au fil des rivières, se nourrissant d'herbes des champs et de pousses d'eau.

*Un cygne a 25 000 plumes : beaucoup plus que tout autre oiseau.*

### Il était une fois...

Dans un conte danois, six princes furent changés en cygnes. Seule leur unique sœur put rompre l'enchantement.

### Pattes-pagaies

Les cygnes ont de grandes pattes palmées pour patauger dans l'eau et se dandiner sur la rive.

### Flottant ou terrestre

Une fois par an, le cygne bâtit un vaste nid sur l'eau ou sur la rive, avec de l'herbe et des roseaux. La femelle y pond cinq à huit œufs, gros comme ton poing.

*Cygne
à cou noir
du Chili*

**Des oiseaux bruyants**
Les cygnes cornent,
sifflent, ronflent ou
trompettent.

**Bateau-cygne**
Lorsque la mère va nager,
les poussins grimpent sur son
dos  et s'installent dans le creux
douillet de ses ailes relevées.

**Une famille unie**
Les cygnes noirs viennent
d'Australie. Comme tous les
cygnes, ils sont très fidèles.
Le couple reste ensemble
toute sa vie.

**Vilain petit canard**
A sa naissance, le bébé
cygne d'Europe, tout gris, n'est
pas très joli. Quand les plumes
grises tombent, à trois ans,
il devient tout blanc.

# Le paon joue des plumes

Pourquoi le paon mâle fait-il la roue ?
Pour séduire sa femelle,
la paonne.

**La traîne du marié**
L'éventail que déploie
le paon n'est pas une queue.
C'est une traîne, formée des
plumes de derrière. La véritable
queue soutient la traîne.

**Il se pavane**
Lorsqu'il veut plaire
à la paonne, le paon recule,
fait la roue, puis se retourne.
Il espère que sa beauté
l'éblouira !

**Cri d'alarme**
Le paon et la paonne sentent très vite
le danger parce qu'ils ont une bonne
vue et entendent bien. En cas de
menace, ils poussent un cri strident qui
avertit les autres animaux de la forêt.

*Un paon est-il aussi grand qu'un homme ? Oui, quand il relève sa traîne.*

### Parade amoureuse

Avec quoi l'oiseau-lyre charme-t-il la femelle ? Avec sa queue en forme de lyre. Dans la Grèce antique, on jouait de la lyre, qui est une sorte de harpe.

### Les ocelles

Des taches en forme d'« yeux étincelants », ou ocelles, parsèment la traîne. Ils séduisent peut-être la femelle…

### Fier comme un…

Si tu vois quelqu'un de prétentieux se pavaner dans des habits voyants, tu diras qu'il est « fier comme un paon ».

### Il sait courir

Tu penses peut-être que la longue queue du paon l'empêche de se défendre dans la forêt ? Non, il peut courir très vite s'il est menacé.

# L'autruche fait la course

Le plus grand oiseau du monde ne sait pas voler, mais il court. L'autruche d'Afrique galope à 50 km/h, plus vite qu'un champion.

*Le nandou, proche de l'autruche, vit en Amérique du Sud.*

**Grande perche**
Si tu places un homme de grande taille à côté d'une autruche, il lui arrivera à l'épaule.

**Œuf géant !**
Tu t'imagines mangeant un œuf d'autruche ? Cet œuf est plus gros qu'un pamplemousse et aussi lourd que 25 à 30 œufs de poule.

### Je te plumerai !

Comme toutes les autruches, le nandou a de belles plumes douces. En Amérique du Sud, on les utilisait pour fabriquer des plumeaux.

### Le premier arrivé

Les autruches courent en groupe dans la savane africaine. Souvent, elles rejoignent des troupeaux d'antilopes ou de bétail domestique.

### Repas léger

Le nandou se nourrit de feuilles, d'herbes et d'insectes. Avec ses yeux énormes, il repère facilement sa proie et la happe avec son grand bec plat.

### Quel panache !

Autrefois, les belles plumes d'autruche ornaient robes et chapeaux. On fabriquait même des bibelots avec les coquilles de ses œufs.

### Pattes à coussin

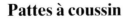

L'autruche est le seul oiseau qui n'ait que deux doigts. Chacun est pourvu d'un coussinet qui empêche l'animal de s'enfoncer dans le sable.

### Un harem

Le nandou mâle a sept ou huit compagnes ! Toutes les femelles pondent leurs œufs, verts ou jaunes, dans le même nid. Le mâle aide à couver et trône sur le nid.

# Poids plume, colibri

Voici le plus petit de tous les oiseaux. Il pourrait tenir dans ta main. Il mange de menus insectes et aspire le nectar des fleurs, comme l'abeille.

*L'oiseau-mouche peut battre des ailes 80 fois par seconde.*

### Gobe-mouches

Le colibri, ou oiseau-mouche, vole en mangeant. Il bat ses ailes si vite que tu n'y vois que du feu. Ces oiseaux dépensent tant d'énergie qu'ils doivent continuer à manger pour garder la force de voler.

### Langue-trompe

La langue du colibri ressemble à un long tube fin qui prolonge son bec. Grâce à elle, il aspire le nectar comme avec une paille.

### Filer son nid

Le colibri bâtit son nid avec du duvet de chardon de la mousse et des toiles d'araignées.

### Comme des petits pois

Le colibri pond de un à trois œufs blancs, souvent deux, pas plus gros que ton ongle.

### Un as de la voltige

Bravo pour le colibri ! C'est le seul oiseau qui sache voler en avant, sur place, de côté et même en arrière !

### Bzzz...

On l'appelle oiseau-mouche parce que ses ailes vibrent en volant et font entendre comme un bourdonnement.

### Merci, pas d'excursion

Les colibris ne marchent pas vraiment. Leurs petites pattes fragiles ne leur permettent que de se percher, pas de se promener.

### Plumes arc-en-ciel

Il existe plus de 300 espèces de colibris. Tous ont des plumes éclatantes, bleues, vertes ou pourpres. Certains ont un bec incroyablement long pour atteindre le cœur des fleurs.

# Comment volent les oiseaux ?

Les oiseaux volent de trois façons : ils planent, ils battent des ailes ou restent sur place. Tout dépend de l'endroit où ils habitent et de la nourriture qu'ils cherchent.

### Planer

L'oiseau étend ses ailes, porté par les mouvements de l'air. De temps en temps, il doit battre des ailes et profiter d'un courant d'air ascendant qui le fera remonter ou le poussera plus loin.

### Battre des ailes

Tous les oiseaux battent des ailes pour décoller ou s'élever dans l'air.

D'abord, l'oiseau rabat les ailes pour monter.

Puis il les relève, prêt à donner un second coup d'aile.

# L'autruche

Sous le soleil haut et têtu
Elle régit l'opéra du sable
Elle s'en va dans le tutu
D'une ballerine inlassable.

Marcel Mompezat

**Voler sur place**
Pour rester
suspendu en l'air à la même
place, il faut battre des ailes très,
très vite ! Quelques oiseaux
peuvent rester longtemps ainsi :
les colibris, les hirondelles
et les crécerelles.

**Crécerelle**
C'est une sorte
de faucon. Cet oiseau agile s'abat
sur les souris et les oiseaux et
les emporte dans ses serres.

# Index

De son royaume blanc du bout du monde,
Mahot Ier, empereur des manchots,
t'apporte des jeux,
des idées de bricolage, des poésies...
Découvre-les vite avant que
son château de glace flottant ne fonde !

## Oiseau-quizz

A tes plumes ! Pour chacune des questions, il y a une seule
bonne réponse. Sur une feuille de papier, inscris la lettre
qui correspond selon toi à la réponse juste.
Si tu ne fais pas d'erreur, tu découvriras que les lettres de tes réponses
forment un mot-surprise.

**1** Combien d'espèces d'oiseaux existe-t-il ?
B. 900
F. 20 000
O. 9 000

**2** L'autruche a des pattes...
E. Grandes et palmées
A. Avec trois doigts à l'avant, un à l'arrière
R. Avec deux doigts pourvus d'un coussinet

**3** Parmi ces trois oiseaux, un seul sait voler. Lequel ?
S. Le manchot
N. Le cygne
R. Le nandou

**4** Parmi ces trois oiseaux, un seul ne vole pas. Lequel ?
P. Le pélican
A. Le vautour
I. Le kakapo

**5** Un seul de ces oiseaux sait faire du surplace en vol :
T. L'hirondelle
S. L'ara
U. La chouette effraie

**6** Pourquoi le flamant est-il rose ?
J. Il vit dans la mer Rouge
H. Sa nourriture contient des colorants
L. Il rougit quand il se met en colère

**7** Les ocelles sont...
A. Les plus longues plumes de la queue
O. Des taches de couleur sur les plumes
E. Des poils ornant les oreilles

**8** Les cygnes noires viennent...
S. D'Ecosse
R. D'Amérique du Sud
L. D'Australie

**9** Pourquoi le paon fait-il la roue ?
E. Pour faire peur à ses ennemis
O. Pour séduire la paonne
B. Pour se protéger du soleil

**10** L'autruche galope à...
C. 10 kilomètres à l'heure
N. 20 kilomètres à l'heure
G. 50 kilomètres à l'heure

**11** Qui couve l'œuf du futur bébé manchot ?
E. La mère
U. Le père
I. La mère et le père à tour de rôle

**12** Comment s'appelle le plus petit des oiseaux ?
L. Le moineau
T. L'hirondelle
E. Le colibri

Réponses:
L'ornithologue est le spécialiste des oiseaux.
1 2 3 4 5 6 7 8 9 10 11 12
O R N I T H O L O G U E

33

## Portrait-robot

Cette vieille chouette a un estomac d'autruche. Elle est bête comme une oie et joue les perroquets. Elle est bavarde comme une pie, mais avec ses yeux de hibou, elle est vraiment manchot ! En conduisant la chouette bagnole que son faisan de mari lui a prêtée, elle est rentrée dans un arbre ! Pas besoin de se rengorger comme un paon!

## As-tu un estomac d'autruche ?

Alors, tu es capable d'avaler en grande quantité les mets les plus variés ! Et des yeux de hibou ? Tu as de gros yeux ronds qui regardent fixement ! Et un cou de cygne ? Un long cou gracieux !

## Es-tu bête comme une oie ?

Certainement pas ! Et bavard comme une pie ou comme une perruche ? Peut-être ! T'arrive-t-il de jouer les perroquets ? Alors, tu répètes sans comprendre tout ce qu'on te raconte !

## Connais-tu des vieilles chouettes ?

Ce sont des femmes curieuses, méchantes et désagréables ! Et des faisans ? Ce sont des escrocs, des malhonnêtes ! Et si tu n'es pas manchot, tu sauras faire tous les chouettes bricolages des pages 36-37. Tu pourras ensuite te rengorger comme un paon, car il y aura vraiment de quoi être fier !

## Le vautour

Où sont les vautours
Qui faisaient séjour
Des plus hautes tours
A créneaux des bourgs
Au temps des tambours
Des doux troubadours
Et des cours d'amour

Bernard Lorraine

## Qui suis-je?

Mon premier est un gâteau fourré à la crème
Mon second se termine comme l'autre nom du vélo
Mon tout a de gros yeux ronds pour voir la nuit

Supplément réalisé par Laurence Ottenheimer-Maquet Illustrations de Robert Barborini

## message
## l'oiseau-mouche

n alphabet se compte
battements d'ailes :
= 1 battement d'ailes,
= 2 battements,
= 3 battements,
ainsi de suite jusqu'au z.
ue dit-il ?

.1.9.13.5 /12.1 /22.15.12.20.9.7.5 /1.
8.9.5.14.14.5.

Éditions Gallimard

1 tout
petit
oiseau
qui n'a pas
de queue et
qui s'envole
quand on
lui en met
u        ne

Guillaume Apollinaire, *Calligrammes*

## L'oiseau dans la cage

Place une carte de visite entre
l'oiseau et la cage, sur la ligne
en pointillé. Mets-toi bien en face
de la lumière. Appuie le bout de
ton nez sur le bord de la carte et
regarde la cage et l'oiseau : tu vois
ainsi la cage de l'œil gauche
et l'oiseau de l'œil droit.
Au bout d'un instant, tu verras
l'oiseau entrer dans la cage !

## es oiseaux se cachent
## our sourire

y a 10 noms d'oiseaux cachés
ns cette grille : déniche-les
ns les lignes horizontales
verticales.

```
A  L  A  B  E  C  A  P  O  F
P  E  R  R  O  Q  U  E  T  L
A  V  A  U  T  O  U  R  S  A
O  N  C  O  L  I  B  R  I  M
N  A  Y  P  E  L  I  C  A  N
C  O  N  D  O  R  A  H  O  T
V  A  U  E  S  I  T  E  C  I
```

## Trouve mon nom

Mon premier ne dit pas la vérité
Tu as mon second quand tu as
beaucoup couru
Mon tout est un oiseau
qui ne vole pas

e voudrais un numéro se
rminant par un oeuf !

LOTERIE
NATIONALE

## Réponses

## Rébus

# Perroquets en file indienne

Un perroquet tout seul s'ennuie ! Donne-lui vite une compagne et, pourquoi pas, 4 ou 6 autres perroquets qui, deux par deux. bavardent, perchés sur leur branche. Fais-les apparaître de tes doigts magiques !

Plie une bande de papier en zigzag de manière à obtenir des carrés bien réguliers et égaux. Fais autant de plis que tu peux. Dessine le contour de l'oiseau sur un seul carré,

comme sur ce dessin, puis découpe d'un coup tout ton pliage. Tu peux inventer d'autres silhouettes d'oiseaux : des manchots sur la banquise ou des hiboux perchés sur une branche.

## Le dernier tube !

Le rossignol chante, la pie jacasse, le pigeon roucoule, le corbeau croasse, l'alouette tirelire… à chacun son cri ! Quel orchestre ! Pour accompagner leurs chants, transforme un tube de comprimés en oiseau-siffleur.

Perce le fond du tube et le bouchon à l'aide d'un clou. Trace la fente sur le tube, puis découpe-la.

replace le bouchon et fixe-le bien avec un peu de colle forte. Pour décorer

Fais passer une solide ficelle, de dix fois la longueur du tube, à travers le bouchon et le tube. Puis, fais un nœud à l'extérieur, ton oiseau, colle des ailes et des plumes de papier de couleur avec du ruban adhésif. Maintenant, fais-le tourner en l'air !

**Réunis le matériel :**
- une grande feuille de papier à dessin léger ou un morceau de tissu en coton fin.
- 3 baguettes de bois légères (4 mm de largeur, 3 mm d'épaisseur environ)
- un anneau de métal ou en plastique

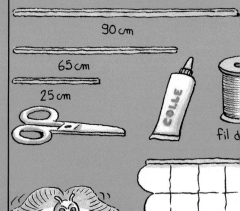

90 cm

65 cm

25 cm

COLLE

fil d

**Pour équilibrer ton cerf-volant**

Si ton cerf-volant pique du nez, raccourcis la longueur B-C de la bride en coulissant l'anneau un peu plus vers B.
Si ton cerf-volant penche trop vers l'arrière et n'arrive pas à monter, rallonge la longueur B-C de la bride.

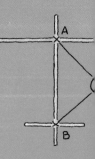

A

B

## e chouette cerf-volant

le baptême de l'air de ton cerf-volant,
sis un jour où le vent souffle ni trop fort, ni trop
ement. Cours contre le vent pour le faire décoller.
lera bien s'il est légèrement incliné vers l'avant :
, il s'élèvera quand le vent soufflera par-dessous.

copie le dessin
chouette sur
apier plié en
Chaque carré
sente 5 cm.

**2** Pose tes
baguettes sur la
chouette, comme sur
ce schéma, et marque
les emplacements
A et B où celles-ci se
croisent (la baguette
verticale doit être
bien au milieu
de la chouette).
Attache-les en
passant plusieurs
fois ton fil en X.

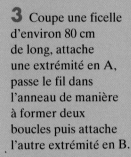

**3** Coupe une ficelle
d'environ 80 cm
de long, attache
une extrémité en A,
passe le fil dans
l'anneau de manière
à former deux
boucles puis attache
l'autre extrémité en B.

**4** Colle la
membrure obtenue
sur la chouette.
Laisse bien sécher.

**5**
Attache une
extrémité du fil
à l'anneau. Enroule
le reste du fil autour
d'une planchette,
et cours vite essayer
ton cerf-volant !
Déroule quelques
mètres de fil. Pendant
qu'un ami lance
la chouette en l'air,
cours avec le fil.

## Echassiers haut perchés

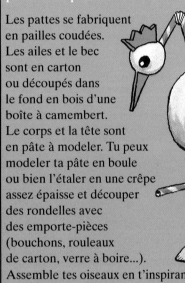

As-tu déjà observé
des échassiers ? Sur leurs
longues pattes, ils ont
parfois de drôles
d'attitudes !
Et des cocottes
en train de picorer
du grain ? Avec des pailles coudées,
amuse-toi à leur faire prendre leurs
positions préférées.

Les pattes se fabriquent
en pailles coudées.
Les ailes et le bec
sont en carton
ou découpés dans
le fond en bois d'une
boîte à camembert.
Le corps et la tête sont
en pâte à modeler. Tu peux
modeler ta pâte en boule
ou bien l'étaler en une crêpe
assez épaisse et découper
des rondelles avec
des emporte-pièces
(bouchons, rouleaux
de carton, verre à boire...).
Assemble tes oiseaux en t'inspirant de ces
modèles.

# Le voyage des oiseaux migrateurs

L'été est fini. Vite, chaque oiseau lance son dé à tour de rôle et avance du nombre de cases indiqué. Attention aux embûches semées le long du parcours ! Chaque fois qu'un oiseau atterrit sur une case numérotée en couleur, il doit suivre les instructions. Le premier qui arrive à la case 36 gagne. S'il la dépasse, il recule du nombre de cases en trop. Bon vol !

l'oiseau-lyre chante un air d'adieu. Passe un tour. **35** Quel régal, ces chenilles ! Passe un tour, petit gourmand !

Illustration de Charlotte Voake